SÍ LA OLA

SÍ LA OLA

Enrique Cebrián Zazurca

PRENSAS DE LA UNIVERSIDAD DE ZARAGOZA

© Enrique Cebrián Zazurca
© De la presente edición, Prensas de la Universidad de Zaragoza (Vicerrectorado de Cultura y Proyección Social)
1.ª edición, 2024

Colección La Gruta de las Palabras, n.º 130
Director de la colección: Fernando Sanmartín

Ilustración de la cubierta: Jesús Cisneros

Prensas de la Universidad de Zaragoza. Edificio de Ciencias Geológicas, c/ Pedro Cerbuna, 12. 50009 Zaragoza, España. Tel.: 976 761 330
puz@unizar.es   http://puz.unizar.es

 Esta editorial es miembro de la UNE, lo que garantiza la difusión y comercialización de sus publicaciones a nivel nacional e internacional.

ISBN 978-84-1340-845-3

Impreso en España
Imprime: Servicio de Publicaciones. Universidad de Zaragoza

Depósito Legal: Z 1434-2024

Para M., J., J. e I.

Por las noches el mar vuelve a mi alcoba
y en mis sábanas mueren las más jóvenes olas

Gerardo Diego

No sé dónde comienzan
ni dónde acabarán
la cresta de la ola
ni la espuma del mar

Jaime Siles

En el mar todo es movimiento, nada hay parado, ni muerto
Josep PLA

… en ti se cumplen
como aquellas del mar de que proceden,
las aguas reiteradas de tu sueño,
tu número de nubes y de peces
Carlos BARRAL

Tiene el mar su mecánica como el amor sus símbolos
Pere GIMFERRER

Cómo te amo sólo ese mar
que combuste bajo mis pies
hará cumplido y fiel relato
Manuel M. FOREGA

Aquí cerca hay un sitio muy grande donde esconden peces
Paula RIBÓ

El que habla es el mar
Aurora LUQUE

Sucede que mi ciudad
está inundada por un mar ausente
Octavio GÓMEZ MILIÁN

Echo de menos un verano sin septiembre
Carmen RUIZ FLETA

I

PESCADOS CEBRIÁN

A mi padre

Fue en la primavera
de 1979. Yo tenía,
entonces,
apenas seis meses y había ido,
por vez primera, con mis padres,
a Sirualas para pasar los días
de la Semana Santa.
Mi abuelo Enrique escribió un poema
en el que cuenta
lo triste que se queda con mi marcha
y la impaciencia con la que me espera.
Guardo esa cuartilla,
que mi abuelo metió
en un sobre a mi nombre. Uno que conservaba
con el membrete
del negocio que había tenido con su hermano
—*Pescados Cebrián*. Plaza de Lanuza, 17—.

En una carta,
que no viaja el espacio sino el tiempo,
me veo aparecer, por vez primera,
como protagonista de un poema.
Mi abuelo habló de mí
para poder hablar de su experiencia.
Y entiendo,
tantos años después, como un juego de espejos,
que cuando hablo de mí, que cuando me convierto
en personaje de un poema,
es de ti —que estás leyendo esto— de quien hablo,
de tu impaciencia y tu tristeza,
y te escribo una carta
por encima de fechas, una carta que viaja
como viajan
los poemas de amor.

II

ISLAS BAJO LA LLUVIA

Son tierra de nadie
que siempre fue nuestra.
Como un buque encallado
que conoces con sol,
nos esperan también bajo la lluvia.
Nadie, entonces, las visita.
Nadie, entonces,
busca en ellas reposo.
Islas como nunca.

HOUSE OF CARDS

> Cerca del cielo, contemplando el mar.
> ¡Qué sereno está el mundo en esta casa!
> En esta casa yo me quedaría.
> A esperar la llegada del adiós
>
> Ángel GUINDA

Tiene la solidez de lo perdido,
es esqueleto de ballena esta casa, andamio
que sostiene tu osamenta
y que te constituye.
País pequeño junto al mar.
Podrías esperar aquí la muerte
porque aquí
conoces la caricia plateada de la vida,
sus diferentes luces.
Barca varada de una playa salvaje,
da vértigo pensar
que podría no existir.
Pero no has de temer,
porque todo es azar
y la necesidad mentira.
Tuviste buenas cartas
y algo de inteligencia en saberlas jugar.

CICATRIZ

En la playa me hablabas
de valium y de amarres
y en un café me regalaste
un viejo libro de un poeta
que habitó en mi ciudad,
que murió en mi ciudad este verano.
No sé si hemos sobrevivido al horror,
no sé si hemos escalado el espanto
de los ateridos hospitales infantiles
       con nombres aún preconstitucionales.

No sé si la ansiedad.

       Lo confiamos todo al verso de septiembre
¿y nos defraudará?

Es inútil pensar.
Pasearemos hasta la puerta de tu hotel,
luego entraré en el mar y la resaca
        me arrastrará
    hacia el noreste.

   Tan solo eso es seguro.

OTRAS

Ahora que los poetas solo beben
en copas elegantes un Aperol Spritz,
y que en las playas crece la maleza,
yo he venido a nombrar
la escama de una cola de sirena.
Estuve esperándote un verano,
pero ya los barcos están en dique seco.
Sabemos que mienten,
aunque seguimos aplaudiendo al fin
         de los fuegos artificiales,
de los castillos sobre el mar,
porque la decencia es
no escupir en las fotografías,
guardar en un arcón
         teselas de piscina,
seguir diciendo *te quiero bajo el sol*
con palabras distintas.

PALMA GIN

«Cuando acaba septiembre
—lo escribió José Carlos Llop en esta isla—,
la luz es más amable,
pero carece de vigor».
Sé que mis labios forman parte
del lote de una herencia
y que no han de cerrar de noche los museos,
como daban los templos sus puertas
para acoger abiertas
a los más humillados.
Tu cuerpo de arrecife.
Géiseres e icebergs
—esto lo cantaron otros—
estallan en tu naturaleza
y tu naturaleza estalla
en la bahía.
Porque tampoco es fácil
acabar un poema,
iluminar un día,
perfilar un complot.

APUÑALA

Y si te vas a pensar que los hoteles
son sitios para hacer el amor
Ricardo VICENTE

Volver a los lugares de un poema
como descorchas botellas de champán
y que lo extraordinario
        no nos resulte extraño en esta cama
            mientras cuerpos se juntan.

Volvemos hoy a esta ciudad con mar
en donde en cada calle
apuñala un recuerdo,
      la memoria
de quienes, sin saberlo, se preparaban
para ser quienes hoy.
No la estela de espuma de una vida,
sí la ola de espuma hacia la playa.

QUÉ OCÉANO

¿Qué océano, qué desconocido furor?
¿Alturas cuáles?
Hoy todo me es ajeno: este orbe,
este archipiélago de piedra, pero sé
—no te engañes—
calcular su belleza, como sé
calibrar la nostalgia,
un pentasílabo.

BOOMER

Vacaciones en el mar
y un semestre de invierno
me regalas.
                    Partida doble.
Puertas cerradas en los lienzos
que se acaban abriendo con la brisa,
se pintan de color
y se maquillan.

Días de navidad,
enorme globo rosa en la ciudad.

AL REVÉS

Recordar lo porvenir
esperando lo escrito. Un futuro a la carta
que es pasado.
Rompes los tiralíneas, mareas
las mareas,
desimantas las brújulas y Google Maps no carga.
Se parece al destino y es justo lo contrario:
la furia apoderada y escupir en la cara.

MARÍA

… en el breve temblor de cinco letras.
José MATEOS

Hemos entrado al puerto entre dos luces
para volver mañana, un día más,
a enfrentar oleajes, a emprender asimismo
tranquilas travesías.
Te esperé tanto tiempo, a veces
sin saberlo.
Ahora estás aquí. Y te contemplo.
Compraremos metáforas en los muelles, en los puestos
de ámbar, junto a las barcas
de los pescadores, los collares de algas,
llevaremos
imágenes que sean amuletos.
Arrojamos y levamos ancla.
Juntos doblamos el faro y sus acantilados,
comprendimos el sol de la tarde dócilmente
o la menuda lluvia,
Sirualas divisamos

y transportamos niños, muchos niños,
estiba e ilusiones,
también miedos, mientras nadamos
en aguas transparentes, en calas
de nombres no olvidados.
Porque trazar de nuevo una derrota
es saber, quizás,
que hemos triunfado.

FALSO POSITIVO

Remonta el río,
huye del mar.
Equivocado está.

POSIDONIA

También yo tengo una mar doméstica,
una idea de la mar,
tan solo un poco más al sur de la de aquel poeta.

Y así,
esa pradera de agua que comprende
de la Punta del Cavall
            hasta el Cap
de Sant Pere,
esa bahía
—acaso corregida por el puerto—
es quien baña mi cuerpo
            cuando entro
en el mar de Sirualas,
quien me vio en otros días
navegar con mis padres
            y me ve ahora
surcarla con mis hijos.

Ese pequeño trozo del Mediterráneo
—apenas microscópico en los mapas—
que en la noche sin sueño
                    de este enero
no consigo sacar de mi cabeza.

SIMULACRO

Fui un escritor de haiku en la bañera
y vuelvo allí
a conjurar los miedos,
a lavar la conciencia,
a imaginar contraseñas difíciles
que luego olvidaré.
Artefacto del mar to take away.
Quise cantar a esta ciudad sin nombre
con el volumen bajo, no estridente,
y olvidé
que los himnos lo son porque emocionan.
Llegué tarde, lo sé. Pero llegué.

NO DEJA

Atravieso un meridiano
para alcanzar un sueño
más real que la sangre.
Dejo atrás una literatura
para alcanzar la vida.
Atrás la noche
para llegar al punto de partida,
al reparto de naipes.
Ulises circular
sin nave y con ceniza
en las pestañas,
no deja el arcoíris de mirarme.

NIT

Suena en la noche la bocina de un barco,
muecín del vacío y mar oscura,
una nave fantasma
que navega sin luces
ni derrota.
Se parece la vida, en ocasiones,
a un exterior de Pla
o a un poema de Jaime
Gil de Biedma.
No es una pesadilla, o eso crees,
es la tranquilidad de los refugios,
pero el amanecer
—cuando despunte el sol
tras el caballo—
espantará a las yeguas
y verás —con otra luz,
con luz sincera—
el contorno preciso de las cosas.

GRAN ANGULAR

Vigilo desde un ángulo
(otra vez los espejos).
Espejos cóncavos que dan
no una imagen deformada, sino exacta:
la imagen de mí mismo treinta y cinco
años atrás.
Pero no soy ya el protagonista de la escena,
juego el papel que otros antes que yo
desempeñaron.
Ahora estoy apartado, junto a un muro,
observando la trama,
observando el mar bajo la luna llena
y subiendo una foto a Instagram
porque no sé ya
mirar la vida sin sus filtros.
Ellas son quienes tienen
el tiempo dorado,
ellos quienes poseen la fortuna,
juntos quienes dominan las piscinas.
Mi posición, sin embargo, no es sencilla:

hay que saber estar, combinar
elegantes
los colores,
pasear con soltura por este callejón,
callejón con salida.

TIEMPO REAL

Está desierto el puerto
y sus alrededores.
Nadie en la antigua aduana.
El viento silba y deja
granos
de arena en suspensión.
Hombres dudosos han hecho su casa
de un barco amarrado,
          con macetas en los portillos,
sin dirección postal.
Es noviembre o febrero,
por ejemplo.
Una mujer camina
y no hay ojos que puedan
comprender su belleza.
Se anuncia temporal,
          casi anochece.

BOCANA

Importa la salida y la llegada,
su estrechez o su anchura, las rocas
a los lados, las balizas.
Pero también importa,
y es asimismo muestra de pericia,
el momento preciso en el que tú,
bajo el sol de una tarde
de finales de julio,
la dejas a babor,
y decides —pasado el Port del Gos—
seguir tu singladura.

RITOS DEL VINO BLANCO

Ritos del vino blanco,
calima y superluna
y rizada la mar.
Ritos del vino blanco nos convocan,
al despuntar agosto y su pezón
de plata, cuando el azar regala
bola extra de love.
Ritos del vino blanco,
qué sé yo.

RESPETO

Pulsa off, entiende
lo que viene.
No seas animal enfurecido
o cofre
de tormentas.
Sé de un modo preciso,
mírate, sin efecto, en los espejos,
en las aguas del mar,
en su secreto.

III

HERENCIA

El verano nos dio su corona
y un armisticio tan suave como la uva madura

Christian PERIBÁÑEZ

La vida me hace entrega
de un caudal de recuerdos
que otros levantaron,
mediodías al sol
       y noches estrenadas.
Veo partir los barcos desde el puerto,
      cómo vuelven después
tan cargados de peces, tan ansiosos
de vida.
Hasta mi casa llegan
—llegaron desde siempre—
constelaciones, óleos,
      poemas y sextantes,
   idiomas intuidos,
fotografías hechas en mitad de la tierra
cuando te conocí
      y me enseñaste el modo
en que adorar un cuerpo.

Y nada hice
por merecer los dones,
ni leviatán batí,
ni vendimié los campos.
Azar fue que viviese
en las genealogías del verano,
sin merecerlo acaso,
sin despreciarlo nunca.

... mañana el mar inmenso nos espera.
Julio MARTÍNEZ MESANZA

ÍNDICE

Este libro
se terminó de imprimir
en los talleres del Servicio de Publicaciones
de la Universidad de Zaragoza
en julio de 2024

TÍTULOS DE LA GRUTA DE LAS PALABRAS

1 Manuel M. Forega, *Cuerpo de la edad (1981-1985)* (1985).
2 Emilio Gastón Sanz, *Musas enloquecidas* (1987).
3 Julio Alejandro de Castro, *Singladura* (1988).
4 José Antonio Labordeta, *Diario de náufrago* (1988).
5 Javier Delgado, *El peso del humo. (Libro de Horas Profanas)* (1988).
6 Jose Antonio Rey del Corral, *Poemas del sentido* (1988).
7 Javier Barreiro, *Dientes en un cofre* (1988).
8 Manuel Estevan, *Diario del frío* (1988).
9 Manuel Vilas, *Osario de los tristes* (1988).
10 Alfredo Saldaña, *Fragmentos para una arquitectura de las ruinas* (1989).
11 Mariano Esquillor, *Elegías a Fuensanta* (1989).
12 Antonio Ansón Anadón, *Memoria del Limo* (1989).
13 Rosendo Tello Aína, *Las estancias del Sol* (1990).
14 Ángel Petisme, *Habitación salvaje* (1990).
15 Miguel Luesma Castán, *Crónicas del abismo (1988-1989)* (1990).
16 Ana María Navales, *Los espejos de la palabra. (Antología personal)* (1991).
17 Antonio Fernández Molina, *El cuello cercenado. Antología poética* (1991).
18 Fernando Ferreró, *Falacia* (1992).
19 Luis Moliner, *Bethel y Música* (1992).
20 Manuel M. Forega, *He roto el mar (1980-1990)* (1993).
21 Alberto Montaner Frutos, *Teatro de delicias* (1993).
22 Teresa Agustín, *Cartas para una mujer* (1993).
23 Fernando Sanmartín, *Manual de supervivencia. (Consejos inútiles)* (1993).
24 Joaquín Carbonell Martí, *Laderas de ternero* (1994).
25 Enrique Gutiérrez, *Un país sin nadie* (1994).
26 Rolando Mix Toro, *El espejo y tú* (1994).